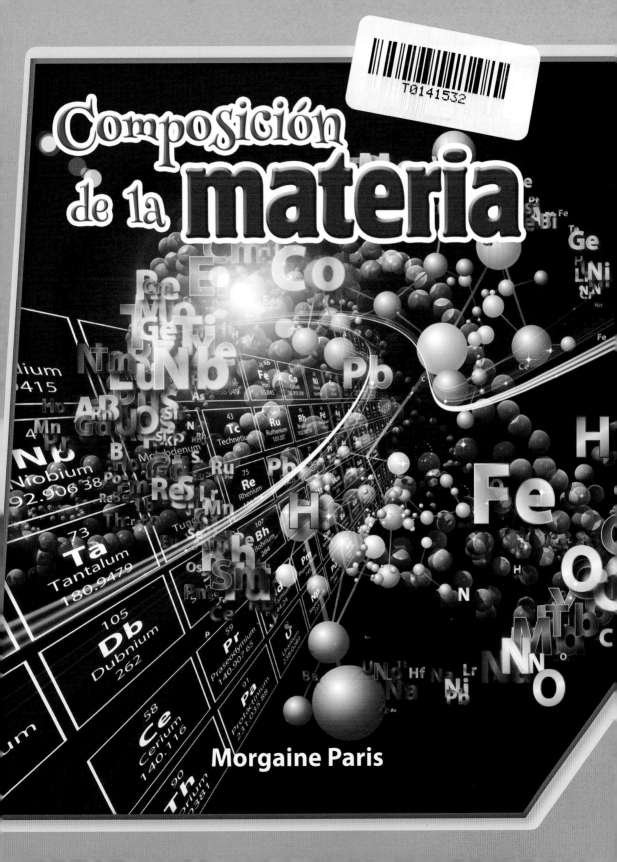

Composición de la materia

Morgaine Paris

Asesor

Trent Nash, M.S.E.
Ingeniero aeroespacial

Créditos de publicación

Rachelle Cracchiolo, M.S.Ed., *Editora comercial*
Conni Medina, M.A.Ed., *Gerente editorial*
Diana Kenney, M.A.Ed., NBCT, *Editora principal*
Dona Herweck Rice, *Realizadora de la serie*
Robin Erickson, *Diseñadora de multimedia*
Timothy Bradley, *Ilustrador*

Teacher Created Materials
5301 Oceanus Drive
Huntington Beach, CA 92649-1030
http://www.tcmpub.com
ISBN 978-1-4258-4714-2
© 2018 Teacher Created Materials, Inc.

Contenido

A través de los ojos de un químico 4

Dentro de un atomo. 6

Elementos 12

Moléculas y reacciones. 16

Tabla periódica de elementos 22

¡Mucho más que tubos burbujeando! 26

Piensa como un científico .28

Glosario. 30

Índice. 31

¡Tu turno! 32

A través de los ojos de un químico

Mira a tu alrededor. ¿Qué ves? Tal vez veas un libro, un perro o un árbol. Tal vez estés mirando tus manos o tu ropa. ¿Qué tienen todas estas cosas en común? Para empezar, todas están hechas de materia.

La materia en sí es un concepto bastante simple. En la física, la materia se define como cualquier cosa con **masa** que ocupa espacio. ¿Pero qué significa eso exactamente?

La materia está en todas partes. Está en todo lo que se puede tocar, mover o con lo que se puede interactuar físicamente. Lo que se pueda describir como "cosa" es probablemente materia. Los árboles y los perros están hechos de materia. Tú mismo, este libro y hasta el aire que te rodea están hechos de materia.

¿Pero qué otras cosas tienen en común las personas, los árboles y el aire? Todos están compuestos, o constituidos, por piezas microscópicas y diminutas denominadas *átomos*. Los átomos son increíblemente pequeños. De hecho, hay más átomos en un pequeño grano de arena que el número aproximado de estrellas en la Vía Láctea: unas cincuenta mil veces esa cantidad. ¡Es una cantidad increíble!

Existe también toda una rama de la ciencia que se dedica al estudio de los diminutos trozos de materia: la química. Zambúllete y descubre el mundo a través de los ojos de un químico.

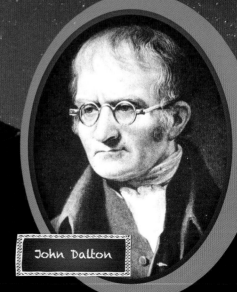

En 1803, el químico John Dalton dijo que toda materia está hecha de átomos. Es lo que se denomina la *teoría atómica*.

John Dalton

oro

Propiedades

Las propiedades nos permiten reconocer las cosas. Sabemos que el oro es un metal blando y amarillo. *Blando, amarillo* y *metal* son propiedades del oro. El tamaño y la masa también son propiedades. Todo lo que observas sobre una sustancia es un tipo de propiedad.

El oro se puede fundir. Esa es otra de sus propiedades.

Los átomos son unos mil usos: lo hacen todo. ¡Ja, ja! ¿Entendiste?

Dentro de un átomo

El concepto de que todo está compuesto por piezas diminutas no es nuevo. Los científicos de la antigua Grecia consideraban que todas las cosas estaban compuestas por bolitas muy pequeñas e indestructibles. Resulta que no estaban del todo en lo correcto. Los átomos, como se conocen en la actualidad, no tienen forma de bolita y no son ni sólidos ni indestructibles. De hecho, los átomos están compuestos de piezas, o partículas, todavía más pequeñas llamadas *partículas subatómicas*. *Subatómicas* significa que son menores que los átomos. Estas partículas incluyen los **protones**, **neutrones** y **electrones**.

Los protones y los neutrones se encuentran en el centro, o el **núcleo**, de un átomo. Los protones y los neutrones tienen más o menos la misma masa. Los electrones se encuentran fuera del núcleo. En comparación con los protones y los neutrones, ¡los electrones son minúsculos! La masa de un electrón es como 1/2,000 de la masa de un protón o un neutrón. Por eso, la masa del núcleo representa casi toda la masa del átomo. Pero hay otra cosa sorprendente acerca de la manera en la que se conforma un átomo. El diámetro del núcleo es aproximadamente 1/100,000 del átomo como un todo. ¡Así es, la parte más pesada es la que menos espacio ocupa!

Si un átomo fuera agrandado al tamaño de un estadio, su núcleo sería más o menos del tamaño de un guisante.

Todavía más pequeñas

Las partículas subatómicas no son necesariamente las piezas de materia más pequeñas. Los protones y los neutrones están compuestos por cuarks. Los cuarks contienen una fracción de carga cada uno y siempre se encuentran en pares o en grupos de tres dentro de los protones y los neutrones.

átomo

protón

neutrón

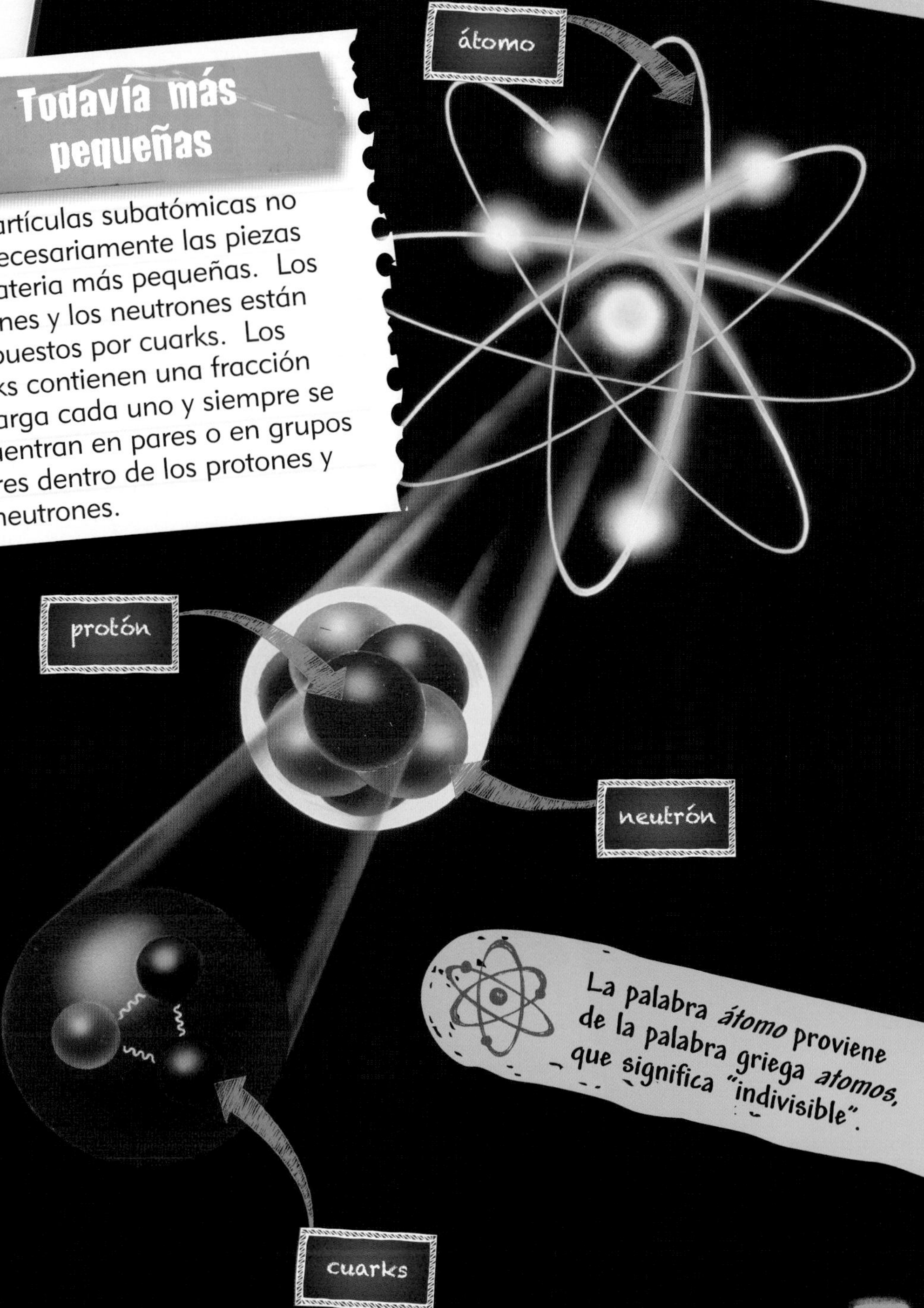

La palabra *átomo* proviene de la palabra griega *atomos*, que significa "indivisible".

cuarks

¿Pero cómo es posible? Se debe al modo en el que las partículas subatómicas están dispuestas en el átomo.

Los neutrones y los protones están fuertemente enlazados en el núcleo. Son muy difíciles de romper o separar. Pero los electrones están siempre en movimiento. Orbitan en torno al núcleo como una especie de nube o campo y son casi imposibles de seguir. Entonces, mientras los electrones solo representan una pequeña porción del átomo, el campo en el que se encuentran constituye casi todo el volumen del átomo. Debido a esto, los átomos son, en su gran mayoría, un espacio vacío.

Significa, a su vez, que toda materia es, en su gran mayoría, un espacio vacío. ¡Vaya! Observa tu mano. Parece bastante sólida, pero a nivel microscópico, básicamente está compuesta de espacio vacío. Piensa en la cosa más grande, más pesada y más sólida que puedas imaginar. Eso que imaginas, no importa qué sea, es, básicamente, espacio vacío. No importa si un objeto es pesado o liviano, grande o pequeño. Si pudieras ver sus átomos descubrirías que está compuesto principalmente de ¡nada en absoluto!

Ernest Rutherford

Ernest Rutherford es conocido como el padre de la física nuclear. En 1911, presentó el modelo de un átomo en el que las cargas positivas estaban en el núcleo y las cargas negativas orbitaban alrededor del núcleo.

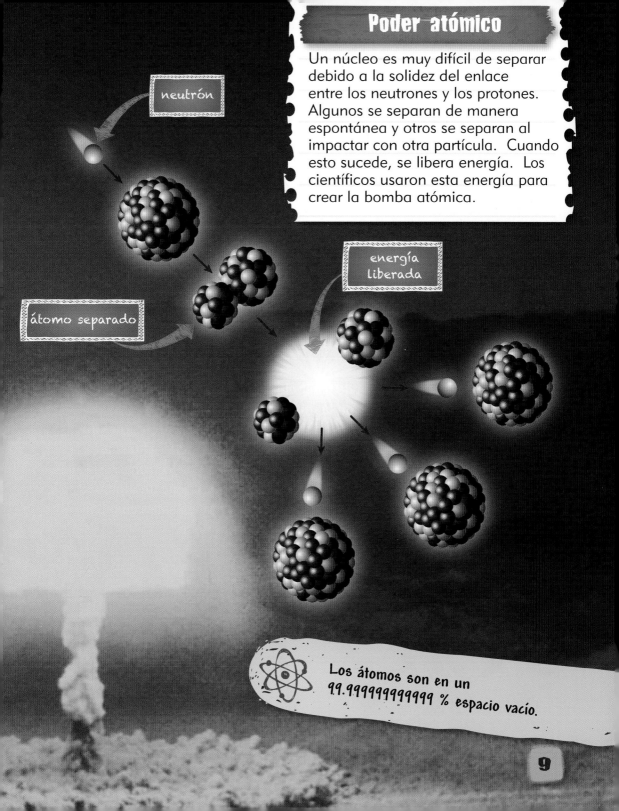

Poder atómico

Un núcleo es muy difícil de separar debido a la solidez del enlace entre los neutrones y los protones. Algunos se separan de manera espontánea y otros se separan al impactar con otra partícula. Cuando esto sucede, se libera energía. Los científicos usaron esta energía para crear la bomba atómica.

neutrón

energía liberada

átomo separado

Los átomos son en un 99.999999999999 % espacio vacío.

Las partículas subatómicas conforman un átomo. Pero estas pequeñas piezas cumplen otra función importante. Tienen cargas eléctricas. Los electrones tienen carga negativa, los protones tienen carga positiva y los neutrones son neutros. Estos no tienen carga en absoluto.

Cada partícula con carga interactúa con otras partículas de ciertas maneras. Funcionan como imanes. Debido a que los protones tienen carga positiva, repelen a, o se apartan de, otros protones. Los electrones también repelen a otros electrones. Pero como los protones y los electrones tienen cargas opuestas, ellos se atraen entre sí. Los neutrones, al no tener carga, ni atraen ni repelen a otras partículas.

El núcleo de un átomo está compuesto por protones y neutrones. Por lo tanto, el núcleo tiene una carga positiva. Como los electrones tienen carga negativa, son atraídos al núcleo. Esto mantiene a la nube de electrones en su lugar.

Aunque no están ni cerca de tener el mismo tamaño, los electrones y los protones tienen cargas con la misma potencia. Por lo general, los átomos tienen una carga general neutra. Para que sea así, los átomos deben tener el mismo número de protones y electrones. Si sabes cuántos protones tiene un átomo, entonces también sabes cuántos electrones tiene.

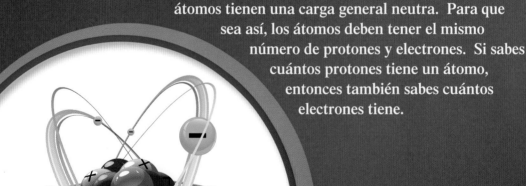

Una fuerza muy fuerte

¿Por qué los protones en el núcleo no se separan unos de otros para desarmar el átomo? Los protones y los neutrones están fuertemente unidos en el núcleo. La fuerza que los une es mucho más fuerte que la que los separa. Lógicamente, esta fuerza se denomina ¡fuerza *fuerte*!

 La fuerza fuerte es 1,038 veces más fuerte que la gravedad de la Tierra.

Elementos

Los átomos se pueden combinar en una gran variedad de formas. Una sustancia compuesta únicamente por el mismo tipo de átomo se denomina **elemento**. Por ejemplo, el hierro es un elemento. Todos los átomos en el hierro puro son átomos de hierro.

Hay muchos tipos de elementos y cada uno tiene diferentes propiedades. Algunos elementos, como el mercurio, son líquidos cuando están a temperatura ambiente. Otros, como el helio, son gases. Otros son sólidos, como es el caso del plomo. Algunos conducen la electricidad y el calor. Otros no lo hacen. Los elementos pueden ser de diferentes colores. Pueden combinarse para formar cosas diferentes. Algunos elementos tienen un olor o un sabor característico.

Sin importar sus propiedades, puedes diferenciar cada elemento por el número de protones que tiene. Eso significa que, si pudieras agregar otro protón a un átomo, entonces sería un tipo de átomo totalmente diferente. Por supuesto, hacer eso es muy difícil y requiere mucha energía. Pero lo cierto es que lo que constituye a los diferentes elementos es el número de protones.

13
Al
Aluminio
26.9815386

Abreviaturas

Los nombres de los elementos pueden ser muy largos y no siempre es divertido escribirlos una y otra vez. ¡Nadie quiere escribir *aluminio* muchas veces! Por eso los científicos usan abreviaturas estándar o **símbolos químicos** para cada tipo de elemento. Los símbolos tienen entre una y tres letras de longitud, y la primera letra siempre está en mayúscula. Usualmente están compuestos por las letras del nombre del elemento en inglés o en latín.

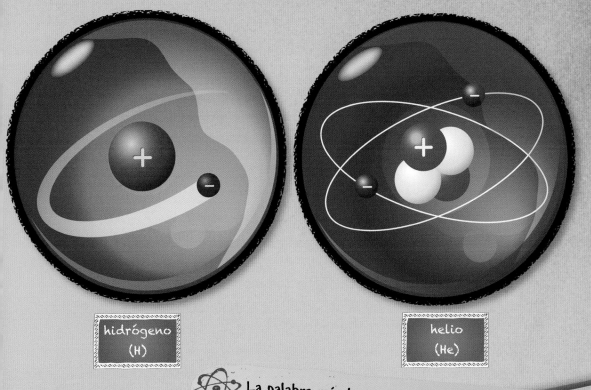

hidrógeno
(H)

helio
(He)

La palabra más larga en inglés corresponde a una sustancia química que tiene ¡189,819 letras!

Elementos útiles

Cuando vas a un parque acuático o a una piscina, tal vez notes que el agua tiene un olor fuerte. Lo que hueles es cloro. El cloro es un elemento útil que se usa comúnmente como desinfectante. Colocar la cantidad adecuada de cloro en la piscina mantiene el agua limpia. El cloro también se usa como blanqueador para limpiar la ropa y los inodoros sucios.

Capas de electrones

Los electrones no solo sobrevuelan al azar. Ocupan diferentes niveles, o capas, de energía en un átomo. Un cierto número de electrones ocupa cada capa. Cuando una capa está llena, los electrones comienzan a llenar la siguiente. Una capa llena es muy estable y "quiere" permanecer tal y como está. Pero una capa incompleta no es estable en absoluto. La capa "quiere" estar llena o estar vacía. La capa más externa se denomina **capa de valencia**.

Los protones y los neutrones no cambian mucho en su núcleo compacto. Pero los electrones pueden saltar libremente de un átomo al otro. Cuando la capa de valencia de un átomo no está llena, el átomo intenta llenarse. Puede hacerlo donando sus electrones a otros átomos cercanos, o puede tomar electrones de otros átomos. También puede compartir electrones con átomos vecinos.

El número de electrones de valencia en un átomo controla cuán reactivo es un elemento. También determina los tipos de elementos con los que reaccionará y cómo reaccionarán. Esto significa que el comportamiento de un átomo depende casi por completo del número de capas de valencia que posee.

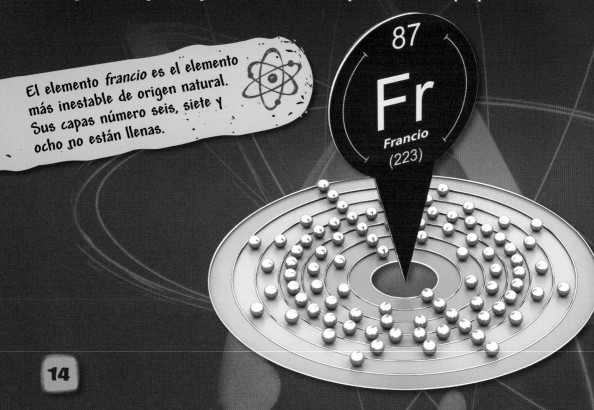

El elemento francio es el elemento más inestable de origen natural. Sus capas número seis, siete y ocho no están llenas.

87
Fr
Francio
(223)

A llenar capas

Los electrones siempre llenan sus capas de una manera precisa. La siguiente tabla muestra cuántos electrones entran en cada capa.

Capa	Cantidad de electrones	Letra de la capa
1	2	K
2	8	L
3	18	M
4	32	N
5	50	O
6	72	P
7	98	Q

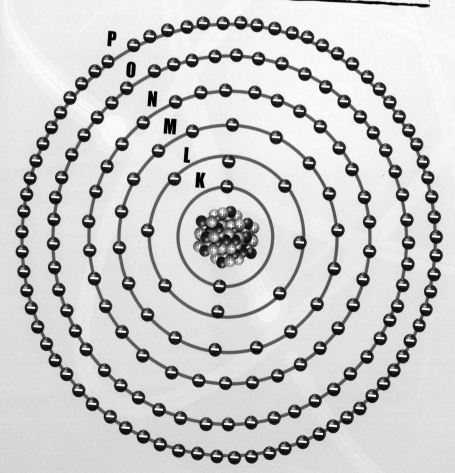

Moléculas y reacciones

Los elementos con una capa de valencia incompleta son muy reactivos. ¿Pero qué significa eso?

Cuando los átomos reaccionan con otro u otros átomos, se enlazan. Un conjunto de átomos enlazados es una **molécula**. Una molécula puede estar conformada por los mismos tipos de átomo, y en ese caso es un elemento, o puede estar compuesta por diferentes tipos de átomos, y entonces se trata de un **compuesto**. Generalmente, un compuesto tiene propiedades muy diferentes a las de los elementos que lo componen. Por ejemplo, el agua pura es un compuesto. Está compuesta por hidrógeno y oxígeno. Cuando dos átomos de hidrógeno y un átomo de oxígeno se unen con la energía suficiente, se combinan para formar una molécula de agua. Tanto el oxígeno como el hidrógeno son gases incoloros a temperatura ambiente. Pero, como sabes, el agua a temperatura ambiente es líquida. El oxígeno no se volverá líquido hasta no alcanzar unos helados -219 °C (-362 °F) y el hidrógeno -259 °C (-434 °F). ¡Imagina si hiciera tanto frío como para que cayera oxígeno líquido del cielo!

Muy inestables

Algunos elementos son tan reactivos que no se encuentran en la naturaleza en estado puro. ¿Pero de cuánta reactividad estamos hablando? El sodio es muy reactivo. Reacciona con el oxígeno en el aire. También reacciona con el agua y, a una determinada temperatura, puede encenderse.

Todos los compuestos son moléculas. Pero no todas las moléculas son compuestos.

En la actualidad se conocen millones de compuestos. Y siempre se descubren compuestos nuevos. Sin embargo, no todos los átomos pueden reaccionar unos con otros. Todo depende, una vez más, de cómo se ocupen las capas de electrones.

Una gran científica

Marie Curie fue una científica polaca que estudió la materia. Ella y su esposo Pierre descubrieron dos elementos, el radio y el polonio. Pierre y Marie ganaron el Premio Nobel de Física en 1903. En 1911, Marie ganó un segundo Premio Nobel. ¡Solo cuatro personas han ganado este premio dos veces!

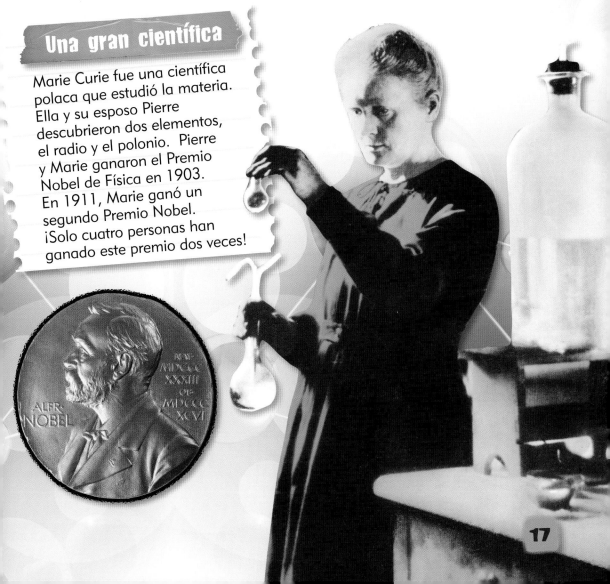

Tipos de enlace

Para que se produzca el enlace entre dos o más átomos, estos deben encontrarse físicamente. También necesitan ser compatibles. Significa que deben tener las propiedades adecuadas para crear una reacción. Además, necesitan energía para formar el vínculo. Si estos requisitos no se cumplen, no habrá reacción.

Los átomos "quieren" ser tan estables como sea posible. Los átomos inestables usualmente se enlazan en un intento por llenar las capas de valencia. Hay diferentes maneras en las que uno o más átomos pueden enlazarse.

Una de estas maneras es mediante un **enlace covalente**. Los enlaces covalentes se forman cuando dos átomos iguales o similares comparten electrones entre ellos. Para lograrlo, unen sus capas de valencia. Por lo general, un enlace covalente se forma entre dos no metales.

Duplícalo

Los átomos pueden crear enlaces dobles. Un doble enlace se produce cuando dos átomos se enlazan entre sí dos veces. Cuando a ambos átomos les faltan dos electrones, pueden llenar esos espacios vacíos y hacer nuevos enlaces. El carbono es el elemento que más comúnmente forma este tipo de enlace.

Algunos elementos, como el hidrógeno, forman enlaces covalentes entre sus átomos. Hacen esto si no tienen otros elementos con los cuales reaccionar. Estos elementos se denominan **diatómicos**. *Diatómico* significa "con dos átomos". Estos átomos se encuentran, naturalmente, en conjuntos de dos. El hidrógeno, el oxígeno, el flúor y el cloro son todos ejemplos de elementos diatómicos.

El hidrógeno es la molécula diatómica de ocurrencia natural más común del universo.

¡No es justo!

Los átomos no siempre juegan limpio. Si los átomos tienen cargas diferentes, es posible que compartan sus electrones de manera desigual. Un átomo puede acaparar el electrón. El oxígeno tiende a acaparar los electrones, lo que le da una carga negativa. Cuando el hidrógeno se enlaza con el oxígeno, las cargas positiva y negativa se atraen y forman el agua.

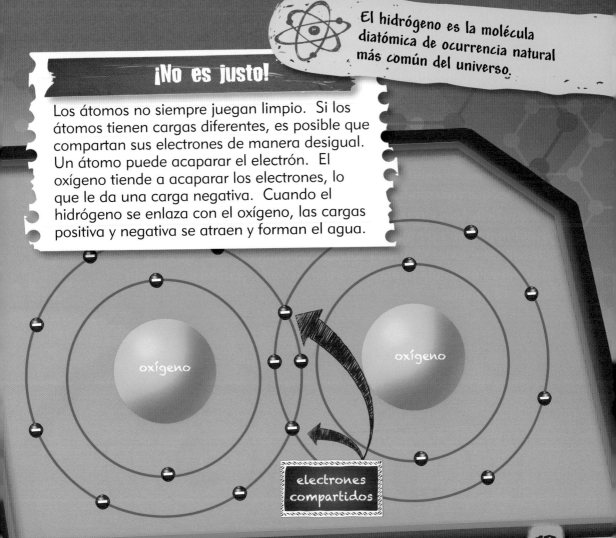

oxígeno

oxígeno

electrones compartidos

Otro tipo de enlace es el **enlace iónico**. Un enlace iónico se forma entre diferentes tipos de átomos. De hecho, los enlaces iónicos por lo general se forman entre los metales y los no metales.

Un enlace iónico se forma cuando uno o más átomos toman los electrones de otro átomo para llenar las capas de valencia. Esto genera **iones** cargados porque los números de electrones y protones en cada átomo no coinciden. Por ejemplo, el sodio tiene un electrón en su capa de valencia. El cloro tiene siete electrones en su capa de valencia. El sodio está dispuesto a entregar un electrón. Y el cloro necesita uno para completar su capa externa. Entonces, el electrón del sodio salta para completar la capa del cloro. Ahora, el sodio tiene una carga positiva porque tiene más protones que electrones. Y el cloro tiene una carga negativa porque tiene más electrones que protones. Estos dos átomos se denominan *iones* porque tienen carga. Como los opuestos se atraen, estos iones se unen y forman un enlace iónico. Se crea una nueva molécula llamada *cloruro de sodio*, ¡también conocida como sal de mesa!

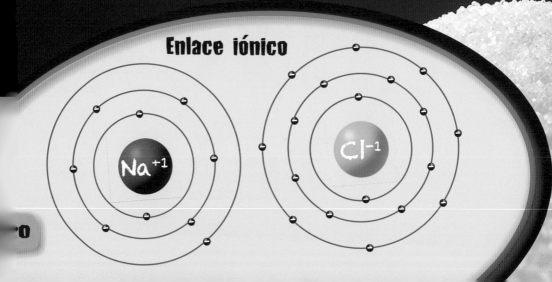

Enlace iónico

Na^{+1} Cl^{-1}

Sal de mesa común

El sodio reacciona con el agua.

El sodio puro es un metal plateado y lo suficientemente blando como para cortar con tu regla. ¡Pero no lo mojes! Explota y burbujea cuando toca el agua. El cloro es un gas verde venenoso. Pero cuando los combinas, ¡obtienes sal de mesa!

sodio

Metales y no metales

Los metales y los no metales tienen muchas diferencias.

Metales

> tienen de uno a tres electrones de valencia

> pierden los electrones de valencia con facilidad

> buenos conductores

> metálicos, brillantes

> alta densidad

> usualmente sólidos a temperatura ambiente

> se funden a altas temperaturas

> son fáciles de moldear

> ejemplos: plata (Ag), oro (Au), platino (Pt), potasio (K)

No metales

> cuatro a ocho electrones de valencia

> obtienen o comparten los electrones de valencia con facilidad

> malos conductores

> opacos, transparentes

> baja densidad

> sólidos, líquidos o gaseosos a temperatura ambiente

> se funden a bajas temperaturas

> no cambian de forma con facilidad

> ejemplos: hidrógeno (H), carbono (C), nitrógeno (N), oxígeno (O)

Tabla periódica de elementos

La tabla periódica de elementos es una tabla que organiza los elementos según sus propiedades. Puede ser muy útil para entender la relación entre los diferentes elementos. La tabla está organizada en filas y columnas. Las filas se denominan *períodos*. De allí obtiene la tabla periódica su nombre. Las columnas se denominan *grupos*. Los elementos en cada período están ordenados por tamaño. Los elementos de cada grupo están ordenados por propiedad.

La tabla periódica organiza todos los elementos conocidos.

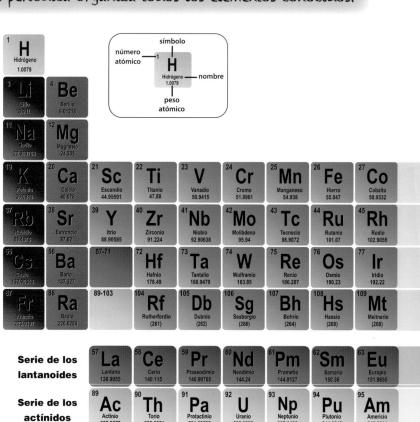

Cada elemento se representa con un cuadro que parece una etiqueta. Por lo general, hay al menos tres cosas presentes. Cada cuadro muestra el **número atómico** del elemento (la cantidad de protones que tiene), el nombre y el símbolo químico. La mayoría de las tablas también tiene colores para mostrar los grupos de elementos que tienen cosas en común. Todos los metales pueden tener un color o una textura. Todos los no metales pueden tener otros. Por ejemplo, en esta tabla, los elementos están ordenados por color. Los cuadros también pueden incluir un número que corresponde a la masa o al peso del elemento. Los químicos usan esta información para saber cómo reaccionarán las sustancias.

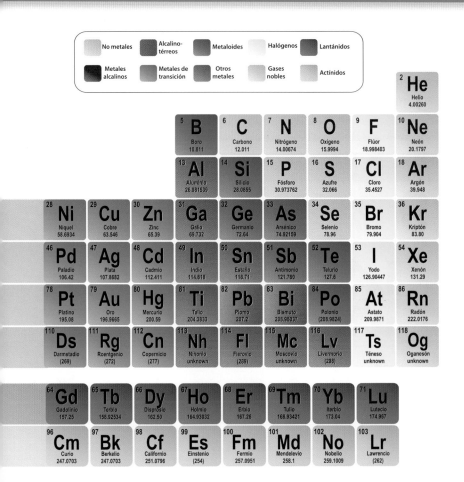

Los detalles

Para explicar mejor cómo funciona esto, observemos un elemento: el potasio. El potasio es un metal blando, de color blanco platinado. Al igual que el sodio puro, se puede cortar con una regla o un cuchillo para mantequilla. El potasio es el número 19 de la tabla periódica. Ese es también su número atómico. Por lo tanto, sabemos que el potasio tiene 19 protones en su núcleo. Su peso atómico es 39. Significa que un átomo de potasio pesa 39 unidades atómicas. Tal vez hayas notado que el peso que figura aquí debajo no es exactamente 39. Es que algunos átomos de potasio son levemente más pesados.

El símbolo químico del potasio es K. Tal vez no parece que esta letra represente al potasio, pero sí representa su nombre en latín, *kalium*, que comienza con *K*.

El potasio se encuentra en el cuarto período de la tabla periódica, lo que significa que tiene cuatro capas de electrones. También está en el primer grupo de la tabla periódica, lo que significa que es extremadamente reactivo. De hecho, explota cuando entra en contacto con el agua. Debido a esto, el potasio puro no se encuentra en la naturaleza. Pero sí se encuentra en muchos compuestos diferentes. Algunos compuestos de potasio se encuentran en alimentos como el plátano y son muy buenos para tu cuerpo.

número atómico

masa atómica

símbolo

nombre

19 39.098

K

Potasio

El potasio reacciona con el agua.

Tablas y tablas de elementos

La tabla periódica estándar es solo una forma de organización entre muchas otras que se han propuesto a lo largo de los años. Algunas están ordenadas en espiral o en círculo. Incluso hay modelos tridimensionales. La tabla estándar es la que más se usa porque es muy sencilla.

DIVISIÓN DE LA TABLA PERIÓDICA

GASES NOBLES

METALES ALCALINOS

LANTÁNIDOS

METALES DE TRANSICIÓN

El creador de la tabla

Dmitri Mendeléiev creó la tabla periódica que usamos hoy. Fue quien ubicó los elementos en filas y columnas según su peso atómico. Pero su idea más brillante fue dejar espacios en la tabla. Predijo en qué lugares se ubicarían los elementos aún sin descubrir. Adivinó sus propiedades según las posiciones. ¡Y después los científicos demostraron que sus predicciones eran correctas!

¡Mucho más que tubos burbujeando!

A veces, las personas dicen que cierta comida o ciertos productos son malos porque tienen "químicos" en ellos. Pero la química es el estudio de la materia y del modo en el que interactúa. Por eso, los "químicos" son todo aquello que está hecho de materia. En resumen, ¡todo está hecho de sustancias químicas! Es verdad que algunas sustancias químicas pueden ser dañinas. Pero si entiendes sus propiedades, puedes aprender a interactuar con ellas de manera segura.

Al estudiar la materia y cómo actúa, podemos hacer predicciones acerca del mundo. Sabemos qué pasa si se mezclan ciertas cosas. También podemos hacer cambios en el mundo. Muchos de los productos que hoy existen son el resultado del estudio de la materia. Los químicos han aprendido cómo hacer medicamentos que ayudan a tratar enfermedades. Y han descubierto cómo hacer plásticos con la fuerza y la ligereza suficiente como para construir naves espaciales. Al aprender más sobre la materia que nos rodea, podemos encontrar nuevas maneras para resolver muchos problemas.

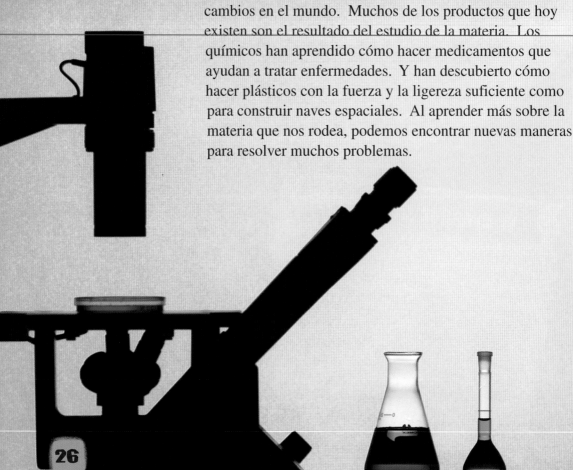

Hoy en día las personas viven más tiempo gracias al conocimiento sobre los elementos y el modo en que reaccionan. Esto ayuda a los químicos a producir medicamentos que salvan vidas.

Un descubrimiento accidental

Los edulcorantes artificiales fueron descubiertos por accidente en 1879. Constantine Fahlberg estaba en su laboratorio intentado crear nuevos conservantes para alimentos. Olvidó lavarse las manos y uno de los químicos permaneció en su piel. Durante la cena de esa noche, notó que el pan sabía más dulce de lo normal. ¡Por fortuna la sustancia química no lo mató! Más bien, le permitió hacer un descubrimiento extraordinario.

Piensa como un científico

¿Cómo puedes crear una reacción química? ¡Experimenta y averígualo!

Qué conseguir

- $\frac{1}{2}$ taza de agua tibia
- $\frac{1}{2}$ taza de peróxido de hidrógeno
- 1 paquete de levadura en polvo
- 1 cucharada de detergente líquido para vajilla
- bandeja
- botella de agua de plástico limpia
- colorante de alimentos
- embudo
- gafas de seguridad

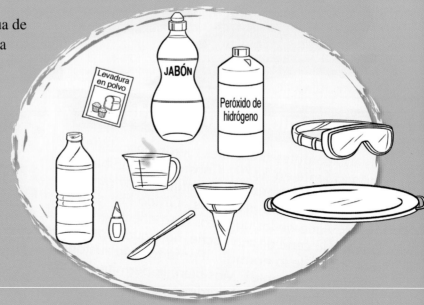

Qué hacer

1 Ponte las gafas. Disuelve el paquete de levadura en polvo en agua tibia y apártalo.

2 Agrega el detergente líquido para vajilla en la botella que has colocado sobre la bandeja.

3 Coloca el embudo en la boca de la botella. Con cuidado, vierte el peróxido de hidrógeno. Agrega tres gotas de colorante para alimento.

4 Agita la botella para mezclar los ingredientes.

5 Agrega la levadura disuelta a la botella y retira el embudo. ¿Qué observas? Con cuidado, toca la botella por un lado. ¿Qué sientes?

Glosario

capa de valencia: la capa más externa de los electrones

compuesto: una sustancia constituida por dos o más tipos de átomos enlazados

diatómicos: compuestos por dos átomos

electrones: partículas con carga negativa en un átomo

elemento: una sustancia básica que está compuesta por átomos de un solo tipo y que no se puede separar por medios químicos comunes en sustancias más simples

enlace covalente: un enlace químico en el que los átomos comparten dos o más electrones

enlace iónico: un enlace químico formado por iones con carga opuesta

iones: átomos con carga

masa: la cantidad de materia que contiene un objeto

molécula: la mínima cantidad posible de una sustancia en particular

neutrones: partículas que tienen una carga neutra y que son parte del núcleo de un átomo

núcleo: el centro del átomo que contiene protones y neutrones

número atómico: el número de protones en el núcleo de un átomo

protones: partículas que tienen carga positiva y que son parte del núcleo de un átomo

símbolos químicos: abreviaturas para los elementos químicos, usualmente derivadas de sus nombres en latín

Índice

capa de valencia, 14, 16, 18, 20

cuark, 7

Curie, Marie, 17

Curie, Pierre, 17

Dalton, John, 4

diatómicos, 5, 19

electrones, 6, 8, 10, 14–15, 17–21, 24

elemento, 12–14, 16–19, 22–25, 27

enlace covalente, 18–19

enlace iónico, 20

Fahlberg, Constantine, 27

fuerza fuerte, 11

Mendeléiev, Dmitri, 25

metal, 5, 20–21, 23–24

neutrones, 6–11, 14

no metales, 18, 20–21, 23

núcleo, 6, 8–11, 14, 24

número atómico, 23–24

propiedades, 5, 12, 16, 18, 22, 25–26, 32

protones, 6–12, 14, 20, 23–24

Rutherford, Ernest, 8

símbolos químicos, 12, 23–24

tabla periódica de elementos, 22, 24–25

55.845   26

Fe

Hierro

La materia está en todas partes

Recorre tu casa en busca de materia. Busca 10 artículos de tu hogar. Haz una tabla en la que enumeres cada objeto. Organiza la [lis]ta según las propiedades de cada objeto. ¿De qué material está [he]cho cada artículo? ¿Para qué sirve? ¿Cómo funciona? ¿Qué más